# BEI GRIN MACHT S
# WISSEN BEZAHLT

- Wir veröffentlichen Ihre Hausarbeit,
  Bachelor- und Masterarbeit

- Ihr eigenes eBook und Buch -
  weltweit in allen wichtigen Shops

- Verdienen Sie an jedem Verkauf

## Jetzt bei www.GRIN.com hochladen
## und kostenlos publizieren

# Darstellung der Natur und der Menschen in Georg Forsters "Aufenthalt in Matavi-Bay". Entnommen aus Georg Forsters "Reise um die Welt"

Phil Pohlmeier

**Bibliografische Information der Deutschen Nationalbibliothek:**

Die Deutsche Nationalbibliothek verzeichnet diese Publikation in der Deutschen Nationalbibliografie; detaillierte bibliografische Daten sind im Internet über http://dnb.d-nb.de abrufbar.

ISBN: 9783346905703
Dieses Buch ist auch als E-Book erhältlich.

Druck und Bindung: Books on Demand GmbH, Norderstedt Germany
Gedruckt auf säurefreiem Papier aus verantwortungsvollen Quellen

Das vorliegende Werk wurde sorgfältig erarbeitet. Dennoch übernehmen Autoren und Verlag für die Richtigkeit von Angaben, Hinweisen, Links und Ratschlägen sowie eventuelle Druckfehler keine Haftung.

Das Buch bei GRIN: https://www.grin.com/document/1370806

# Technische Universität Dortmund

Fakultät für Kulturwissenschaften

Institut für Deutsche Sprache und Literatur

Semester: Wintersemester 2021/2022

Seminar: Reiseliteratur des 18. und 19. Jahrhunderts

Hausarbeit zum Thema:

**Darstellung der Natur und der Menschen in Georg Forsters „Aufenthalt in Matavi-Bay". Entnommen aus Georg Forsters „Reise um die Welt".**

Abgabedatum: 17.03.2022

Verfasser: Phil Pohlmeier

Fachsemester: 5 / Lehramt HRSGe / LABG 2009

# Inhaltsverzeichnis

# 1. Einleitung

Durch das Seminar: Reiseliteratur des 18. und 19. Jahrhunderts, bekam ich Einblick in den Prätext sowie weiteren Werken, die sich thematisch der Reiseliteratur zuordnen lassen. Als besonders spannend empfand ich Georg Forster, der mit seinem noch sehr jungen Alter, von gerade einmal 17 Jahren, bereits Teil einer Weltumsegelung war, welche in Zusammenarbeit mit Captain Cook stattgefunden hat. Dabei wurde die Reise von Forster selbst finanziert. Die Reiseroute führte hierbei von Madeira über die Arktis bis nach Tahiti. Befassen werde ich mich im Folgenden mit Forsters Aufenthalt in Tahiti, genauer gesagt mit dem Kapitel: Aufenthalt in Matavi-Bay. Forster war es gelungen in seinen Reisebeschreibungen eine fast wertfreie Beschreibung darzulegen, was zu seiner Zeit ein sehr aufklärerischer Gedanke war. Er hatte die nötige Wertschätzung gegenüber seiner Erlebnisse und das alles sind Gründe, warum ich mich für Georg Forster entschieden habe. Ich kam somit zu folgender Fragestellung: Wie nimmt Georg Forster die Natur und die Menschen in und um Matavi-Bay wahr?

Im Folgenden werde ich die Hintergrundinformationen, warum die Reise stattgefunden hat und unter welchen Voraussetzungen, darlegen und beschreiben. Des Weiteren erläutere ich kurz die Reiseroute und werde dabei auf Georg Forster selbst zu sprechen kommen. Auch gehe ich auf die Verortung von Matavi-Bay ein. Folgend geht es um die Darstellung der Natur. Dort befasse ich mich mit Forsters Beschreibung der Vegetation, des Wetters und anderen Auffälligkeiten. Danach leite ich über zur Wahrnehmung der Menschen in Matavi-Bay beziehungsweise generell in Ost-Tahiti. Hierbei geht es um die Gastfreundlichkeit, die Gastgeschenke und den Verhaltensweisen der dort lebenden Ureinwohner aber auch um negative Aspekte wie die vermeintliche Gier der Menschen. Forster führt an dieser Stelle genaue Bemessungen der Körpergrößen durch und diese möchte ich folgend darlegen und erläutern. Somit werde ich das Hauptaugenmerk auf die Beschreibung der Menschen und der Natur legen und im Hinblick auf meine Fragestellung darlegen. Abschließend werde ich mit einem Fazit, in dem ich meine ausgehende Fragestellung aufgreife und anhand der Analyseergebnisse beantworte. Des Weiteren gehe ich auf die aktuelle Forschung zu Georg Forster ein und gebe einen Ausblick auf weitere Forschungsfelder- und Fragen.

## 2. Aufenthalt und Reise nach Matavi-Bay

Am 13. Juli 1772 machten sich Georg Forster und sein Vater Dr. Johann Reinold Forster auf Kosten der britischen Regierung zusammen mit Captain J. Cook auf den Weg zur „Reise um die Welt".[1] Stattgefunden hat dies mit dem Schiff namens „The Resolution", womit sie in Plymouth starteten. Hauptgrund dieser Reise war der Wunsch einen unentdeckten Südkontinent namens „Terra australis" zu finden.[2] Georg war auf dieser Reise als Begleitung für seinen Vater zuständig und sollte Gegenstände der Naturgeschichte sammeln, beschreiben und zeichnen. Georg hat den Anspruch, die Reise mit exakten Erkenntnissen zu belegen. Früheren Entdeckungsreisen spricht er einen dezidierten Umgang mit fremden Kulturen ab.[3]

Ältere Südseefahrer scheuten gleichsam den Anblick des Landes; wo sie Küsten fanden, eilten sie schnell vorüber, oftmals ohne nur einen Fuß darauf zu setzen, ohne den Umfang, die Gestalt und den Zusammenhang ihrer Entdeckung zu untersuchen. Landeten sie auch irgendwo, so nahmen sie sich selten Zeit, den Endzweck einer Landung zu erreichen, und von den vorgefundenen Produkten einigen Vortheil zu ziehen. Ihr Betragen gegen die Eingebohrnen machte gewöhnlich einen schleunigen Abzug nöthig, ehe sie noch die Beschaffenheit der Gegend und ihrer Erzeugnisse erforschen, und mit den Eigenthümlichkeiten der dortigen Menschengattung bekannt werden konnten. Daher fehlt es ihren Berichten so oft an allem Interesse; und weit entfernt, den Forderungen des Physikers und des Weltweisen ein Genüge zu leisten, oder zur Sicherheit künftiger Seefahrer, und zum glücklichen Erfolg ihrer Unternehmung beyzutragen, wussten sie nicht einmal die müßige Neugier des großen Haufens zu befriedigen.[4]

Georg Forster möchte hinsichtlich dieser Beurteilung die Reise mit einem „philosophischen Auge" betrachten. Die Versäumnisse früherer Reisen sollen durch eine heuristische Annäherung überwunden werden.[5] Als Erstes Ziel hatten sie die portugiesische Insel Madeira. Anschließend reisten sie über das Kap der Guten Hoffnung in Südafrika Richtung Antarktis und Neuseeland. Sie kamen morgens in Ost-Tahiti an. Angelockt wurden sie durch ein vom Lande wehendes Lüftchen, welches ihnen Wohlgerüche entgegenbrachte.[6] Ebenso waren sie von der Aussicht begeistert. „Waldgekrönte Berge erhoben ihre stolzen Gipfel in mancherley majestätischen

---

[1] Vgl. Forster, 2021, S.39.
[2] Vgl. Steiner, 2016, S,13.
[3] Vgl. May, 2011, S.114.
[4] Ebd., S.114.
[5] Vgl. Ebd., S.114.
[6] Vgl. Forster, 2021, S. 241.

Gestalten und glühten bereits im ersten Morgenstrahl der Sonne."[7] Angelegt hatten sie um Proviant mitzunehmen, die Schiffsausrüstung zu erneuern und um wissenschaftliche Beobachtungen zu machen.[8] Nach einiger Zeit erreichten sie Matavi-Bay. Dort hatte Captain Cook bereits bei einer vorherigen Ankunft bemerkt, dass man ohne Gewalt einen großen Vorrat an Lebensmitteln bekommen kann. Für Georg Forster waren die Landaufenthalte in Tahiti Höhepunkte des Reiseerlebens und Quellen der Erkenntnisse.[9] Tahiti befindet sich im Pazifischen Ozean und liegt rund 4100 Kilometer nordöstlich von Neuseeland und 4400 Kilometer süd-südöstlich von Hawaii. Es gehört zudem zu Französisch-Polynesien.[10] Kontinental betrachtet gehört Tahiti jedoch zu Ozeanien. Tahiti wird als Französisches Überseegebiet angesehen und somit ermöglicht dies EU-Bürgern ein Einreisen ohne Visum und unbegrenzten Aufenthalt.[11]

## 3. Georg Forsters Darstellung der Natur

Forster trifft in Matavi-Bay auf einen Indianerstamm, der von einem König angeführt wird. In früheren Zeiten war es üblich, dass die Lebensweisen von Menschen durch die Natur bestimmt wurden. Für Forster befanden sich die Menschen in einer Frühphase der kulturellen Entwicklung, sodass man Forsters Naturbeschreibungen auch als eine „Schilderung der Begegnung der Kultur mit Natur"[12] verstehen kann. Sein Konzept der Natur wird als sehr realistisch betrachtet. Natur hat für ihn eine helle, schöne, angenehme, nützliche Seite, jedoch betrachtet er Natur auch andersrum als dunkel, wild, roh, unfruchtbar und gefährlich. Somit verdeutlicht Forster, dass die Natur in Summe der positiven sowie negativen Eigenschaften aufzufassen ist.[13] Bereits zu Beginn des Kapitels „Aufenthalt in Matavi-Bay" berichtet Forster von der bereits genannten schönen Seite der Natur.

Die Ebenen schienen hier von beträchtlichem Umfange zu seyn; die Berge hatten durchgehends sanfte Anhöhen und verloren sich auf der Ebene in ziemlich weit

---

[7] Forster, 2021, S. 241.
[8] Vgl. Steiner, 2016, S. 14.
[9] Vgl. Ebd., S. 14.
[10] Vgl. Tahiti: Geografie und Landkarte. (o. D.). Goruma.
[11] Vgl. Optensteinen, 2021.
[12] Toprak, S. 32.
[13] Vgl. Ebd., S. 32.

hervorragenden, gewölbten Spitzen. Das Ufer, welches mit dem schönsten Rasen bewachsen, und bis an den Strand herab, von Palmen beschattet war, stand voller Menschen [...].[14]

Er geht nicht nur auf Berge und Landschaften ein. Er beschreibt auch den Matavi-Fluss. Die Ufer des Flusses werden als herrlich empfunden und überall sind schöne Pflanzungen von Cocos-Brodfrucht-Äpfel und Maulbeerbäumen zu finden.[15] „Der Fluss schlängelte sich in dem Thale von Seite zu Seite [...]"[16] Hierbei wird durch eine Verwendung von Adjektiven deutlich, dass sie die Schönheit der Umgebung darstellen sollen. Er legt auch dar, wie der Verlauf des Flusses ist. Dem Leser ist hier bewusst gemacht worden, dass es sich nicht um einen kanalartigen Fluss mit geradem Verlauf handelt, sondern einem eher ruhigen, langsam fließendem Gewässer, aufgrund seiner Kurven, die die Fließgeschwindigkeit reduzieren.

Georg Forster hat mit der „Reise um die Welt" seine Ausrichtung auf Landschaften und der dazugehörigen Kategorisierung deutlich gemacht. Die Grundlage für das richtige Sehen und das Verständnis von Schönheit wurde gelegt. Er versucht die Beschreibungen an vertraute europäische Bilder anzupassen, sodass Vergleichsmuster herangezogen werden können. Diese Art von Kategorisierung hilft dabei die multiplen Eindrücke zu sammeln und eine bedachte Annäherung an das Unbekannte möglich zu machen.[17] Somit hat das Fremde in Forsters Naturbeschreibungen eine gewisse Präsenz.

Als fremd erscheinen uns Natur-Räume immer dann, wenn sie als noch unberührt von kultureller Pazifizierungs-Arbeit gelten können – oder wenn sie nach anderen als den von uns vertrauten räumlichen Mustern gegliedert sind, anderen kulturellen Zuordnungen unterworfen sind [...].[18]

Er besaß trotz seines jungen Alters auf der Reise einen großen Erfahrungshintergrund bezüglich Landschaftsformen. Durch die bereits von ihm gelesenen Reisebeschreibungen, konnte er beim erfassen von fremden Bildern auf ein großes Repertoire an Informationen zurückgreifen. Somit ist er in der Lage gewesen, „die erste Überforderung, das Staunen vor dem Unbekanntem, zu überwinden [...]."[19] Sein offener Umgang mit der Konfrontation des Neuen und der dazugehörigen Vielfalt zeugt von

---

[14] Forster, 2021, S. 298.
[15] Vgl. Ebd., S. 319.
[16] Ebd., S. 319.
[17] Vgl. Müller, 2011, S. 290.
[18] Vgl. Ebd., S. 290.
[19] Ebd., S. 290.

einem hohen wissenschaftlichen Standard in seinen Naturdarstellungen.[20] Deutlich wird dieser Standard nicht nur bei seinen bereits erwähnten Beschreibungen von Orten, sondern auch bei der Vegetation. So kommt es bei einer Wanderung in den vordersten Tälern von O-Parre zu einem bedeutsamen Fund.

> Wir fanden nemlich einen neuen Baum, der das prächtigste Ansehen von der Welt hatte. Er prangte mit einer Menge schöner Blüthen, die so weiß als Lilien, aber größer und mit einer Menge Staubfäden versehen waren, welche an den Spitzen eine glänzende Carmosinrothe Farbe hatten. [...] Diesen schönen Baum nannten wir Barringtonia, in der Landessprache aber heißt er Huddo [...].[21]

Zur Veranschaulichung für die Leserschaft bringt er hier Vergleiche mit anderen Pflanzen, die in Forsters Heimat bereits Bekanntheit erlangt haben, an. So vergleicht er es mit einer nussartigen Frucht. Um seinen eigenen wissenschaftlichen Standard zu wahren fertigte er eine genaue Zeichnung des Baumes an, die er in verschiedene Punkte gliedert. Es wird das Laub und die Blüte dargestellt, sowie einzeln die Frucht und die Schale des Kerns, sowie der Kern selbst. Forster berichtet auch über die Verwendung der Pflanze für die Ureinwohner. Sie zerkleinerten die Frucht und haben es mit Muschelfleisch gemischt. Diese Mischung warfen sie ins Wasser, um die Fische zu betäuben und einfacher fangen zu können, da sie an der Wasseroberfläche schwammen.[22] Es handelt sich hierbei jedoch nicht um die einzige Pflanze die Georg Forster auf seinen Wanderungen gefunden hat. Er fand einen Bach, wo die Einwohner Wasser für die Felder abzweigten. Auf den Feldern wuchsen Zehrwurzeln. Es gab zwei Arten dieser Pflanze und Forster beschrieb sie sehr genau.[23] „[...] Die eine hatte große glänzende Blätter und die Wurzel war wohl 4 Schuh lang, aber sehr grob fasericht, die zweyte Art hingegen, hatte klein sammetartige Blätter und an dieser war die Wurzel feiner und wohlschmeckender.“[24]

Forster wurde durch seinen Vater bereits von klein auf zur Botanik und Natursystematik hingeleitet. Dadurch hatte er sich das Lateinische bereits früh angeeignet und bei seinen Pflanzenbeschreibungen verwendet.[25] „Es ist sonderbar, daß verschiedene Seepflanzen zwischen den Wendezirkeln eben diese Eigenschaft haben;

---

[20] Vgl. Müller, 2011, S.290.
[21] Forster, 2021, S. 315.
[22] Vgl. Ebd., S. 315
[23] Vgl. Ebd., S.311.
[24] Ebd., S.311
[25] Vgl. Uhlig, 2009, S. 162.

dergleichen sind vornehmlich die Kuckels-Körner (cocculi-indici,) die in Ostindien bekannt sind und zu gleicher Absicht gebraucht werden."[26]

Auch die Wetterereignisse fanden in seinen Naturbeschreibungen Anklang. So geht Georg Forster auf die Sonne ein. „Die Mittagssonne warf ein states, ruhiges und gleichförmiges Licht auf den ganzen Prospect, und in einer Entfernung von ohngefähr 6 starken englischen See-Meilen (leagues,) erblickte man die niedrige Insel Tedhuroa."[27] Trotz der Winterzeit bei seiner Abreise spricht Forster von den

[...] schönsten Landschaften in andern Gegenden der Welt noch immer zur Seite gesetzt werden konnte. Der fruchtbare Boden und das wohlthätige Clima bringen von selbst vielerley Arten nahrhafter Gewächse hervor, daß die Einwohner in dieser Absicht wohl auf eine sorgenfreye Glückseligkeit rechnen können [...].[28]

Deutlich wird in seiner Naturdarstellung die Genauigkeit und Bedachtheit der Beschreibungen. Die Landschaftsbeschreibungen mit den Bergen, Tälern, Flüssen und Wäldern weisen eine abwechslungsreiche Struktur auf.[29] Dadurch wurde in Forsters Reisebeschreibungen eine Südseebegeisterung erkennbar. Gerade die Insel Tahiti, auf der sich auch Matavi-Bay befindet, wurde Sinnbild für ein ideales Leben.

Den meisten deutschen Intellektuellen des ausgehenden 18. Jahrhunderts standen die Inseln der Südsee als Chiffre für ungestörtes Leben, für schöne Natur und glückliche Eingeborene im Sinne des rousseeauschen Naturzustandes, die ungestört lebten ohne Hauptübel der Zivilisation.[30]

## 4. Georg Forsters Darstellung der Menschen

Neben den Beschreibungen der Natur geht Georg Forster auch genau auf die in Matavi-Bay und Umland lebenden Menschen ein und beschreibt sie. Zuerst entdeckt Forster durch die vor Ort herrschende Regierungsform die Ungleichheiten der Geschlechter, Hierarchien der Gesellschaft und die davon ausgehende Gewalt nach außen.[31] Den König O-Tu, der laut Forster zwischen 24 und 25 Jahre alt ist, beschreibt er wie folgt:

---

[26]Forster, 2021, S. 315f.
[27] Ebd., S. 317.
[28] Ebd., S. 329.
[29]Vgl. Müller, 2011, S. 293.
[30] Ebd., S. 291.
[31] Vgl. Ebd., S. 292.

Nicht nur als Regent, sondern auch der Statur nach war er, wenigstens so viel wir sehen, der größte Mann auf der Insel, denn er mas völlige 6 Fus 3 Zoll. Er hatte starke und wohlproportionierte Gliedmaßen, war überhaupt wohl gemacht, und hatte auch vor der Hand noch keinen Ansatz zu übermäßiger Corpulenz. Ohnerachtet etwas finsteres, und vielleicht schüchternes in seinen Augen war, so leuchtete doch übrigens Majestät und Verstand daraus hervor, gleichwie auch in seinen lebhaften schwarzen Augen viel Ausdruck war. Er hatte einen starken Knebel-Bart der gleich den Unterbart und dem starken lockigten Haupt-Haar pechschwarz war.[32]

Hier wird deutlich, wie wichtig es Forster ist, dass die Leserschaft des Berichtes sich vorstellen kann, wie die Menschen in Tahiti aussehen. Besonders an der Beschreibung von Forster ist die Angabe von Maßeinheiten, die er nicht nur bei Menschen benutzt, sondern auch bei Objekten und Entfernungen. „[...] der mit einem ohngefähr 18 Zoll hohen Gitterwerk von Rohr umzäunt war."[33] Das Zitat stellt die Beschreibung eines Platzes dar, auf dem Forster den König traf.

Gegenüber den Männern haben die Frauen auf Tahiti besonderen Regelungen Folge zu leisten, wie zum Beispiel das Entblößen der Schultern, wenn sie in Gegenwart des Königs sind.

Da die Frauenpersonen hier zu Lande das Haar gemeiniglich kurz abgeschnitten zu tragen pflegten; so war der Haarputz dieser Dame als etwas Außerordentliches zu anzusehen und mogte vielleicht ein besonders Vorrecht der königlichen Familie seyn. Ihr hoher Rang befreyte sie jedoch nicht von der allgemeinen Etiquette die Schultern in Gegenwart des Königs zu entblößen [...].[34]

Trotz der Regelungen werden die Ureinwohner von Forster als Gastfreundlich beschrieben, was sich in den Schenkungen der Lebensmittel und Tiere widerspiegelt. Weiterhin beschreibt Forster, dass die Frauen eher aufhören hübsch zu sein. „[...] Mogte die Mutter nahe an vierzig Jahr seyn, daß sie aber ungleich älter aussahe, ist in so fern nicht zu verwundern, weil das andre Geschlecht bekanntermaßen in heißen Ländern durchgehends früher aufhört hübsch zu seyn als in kalten Gegenden."[35] Ebenfalls lernt Forster und die Besatzung der Schiffe die Familien der Menschen kennen, sodass sie mit „Oncles, Tanten Vettern und anderen Verwandten des Königs"[36]

---

[32] Forster, 2021, S. 299f.
[33] Ebd., S. 298.
[34] Ebd., S. 300.
[35] Ebd., S. 310.
[36] Ebd., S. 301.

zusammensaßen. Er sagt, dass die Personen wetteiferten, wenn es darum ging, Forster freundlich und zärtlich anzuschauen. Dies taten sie mit einem Hintergedanken, nämlich wollten sie um Korallen und Nägel bitten. Jedoch gab es auch eine andere Seite der Menschen, die Forster kennenlernte.

> Wenn wir zum Beyspiel unter eine oder die andere Art von Leuten Corallen austheilten, so drängten sich bisweilen junge unverschämte Bursche herbey und hielten die Hände auch her, als hätten auch sie Anspruch und Recht auf unsre Freygiebigkeit. Unter solchen Umständen bekamen sie aber allemal eine abschlägige Antwort.[37]

Dies zeigt die Gier der Menschen und dass es nicht nur kapitalkräftige Menschen gibt, die der Königsfamilie angehören. Gerade die älteren Einwohner haben sich geschickt versucht, Geschenke zu erschmeicheln. „[...] ‚Ist denn kein Coralchen für das liebe Mütterchen da?' Das hieß nun unsre kindliche Liebe mit ins Spiel zu ziehen, und wenn das geschah, so hatten die guten Alten fast allemal gewonnen."[38] Aufgezeigt werden hier die verschiedenen Verhaltensweisen der Ureinwohner und das Interesse an Forster und der Besatzung. Jedoch kann sich auch die Königsfamilie von Betteleien nicht entziehen. So berichtet Forster, dass die Königsfamilie freien Zugang auf die Schiffe hatte und dementsprechend diesen genutzt hat. Er sagt, dass man vor ihren Betteleien nicht sicher war und beschreibt es mit einer unerträglichen Unverschämtheit.[39] Forster musste auch die Erfahrung machen, wie es ist, beklaut zu werden.

> Daß sie zu allerhand kleinen Diebereyen ungemein geneigt wären, hatten wir zwar ebenfalls verschiedentlich erfahren, doch niemals etwas von einigem Werthe dadurch eingebüßt; denn in den Taschen, denen am leichtesten beyzukommen war, führten wir gemeiniglich nichts als Schnupftuch, und dieses bestand noch dazu nur in einem Stück dünnen Tahitischen Zeuges [...].[40]

Trotz der Gier und der Diebereien zeigen die Ureinwohner, dass sie durch geringe Sachwerte zu befriedigen sind. Spannend ist, dass ihre Häuser keine Türen und Verschlussmöglichkeiten besitzen. Dies beweist, dass keiner etwas vor dem anderen zu verbergen hat.[41]

---

[37] Forster, 2021, S. 301.
[38] Ebd., S. 301.
[39] Vgl. Ebd., S. 303f.
[40] Ebd., S. 313.
[41] Vgl. Ebd., S. 313.

Georg Forsters Beschreibungen zu den indigenen Bevölkerungsgruppen zeigen auf, dass er auf einen unmittelbaren Vergleich mit seinen eigenen Kulturkreis verzichtet. Er versucht deswegen das Fremde aus verschiedenen Perspektiven zu beobachten und darzustellen. Sein Interesse liegt nicht an einzelnen Personen, sondern ist der der Gesamten Bevölkerungsgruppe gewidmet.[42]

Bei einem Ausflug Forsters mit dem König O-Tu kommt es bei Anlegen des Schiffes zu einer lebhaften Begrüßung. „Das ganze Ufer war von Indianern bedeckt, die ihren König beym Aussteigen aus dem Boote mit lautem Freudengeschrey empfingen.“[43] Das Ereignis zeugt von Zusammenhalt innerhalb der Bevölkerung. Es gibt in der Bevölkerung jedoch auch eine Unterschicht, hier bezeichnet als Menschen des niedrigen Standes. Bei Rückkehr von dem erwähnten Ausflug, hatten die Matrosen des Schiffes eine „Menge Weibsleute von niedrigsten Stande“[44] auf das Schiff eigeladen. Die Frauen hatten eigene Verhaltensweisen, die sie vorwiesen.

> Ehe es ganz dunkel ward, versammelten sich die Mädchen auf dem Verdeck des Vordertheils. Eine von ihnen blies Nasen-Flöte; die übrigen tanzten allerhand Tänze, worunter verschiedene waren, die mit unsern Begriffen von Zucht und Ehrbarkeit eben nicht sonderlich übereinstimmten. [...] So sind die Tahitischen Buhlerinnen im Grunde minder frech und ausschweifend als die gesittetern Huren in Europa.[45]

Laut Forster haben sie große Mengen an Fleisch verspeist. In der Bevölkerung Tahitis ist es üblich, dass Männer und Frauen nicht miteinander Essen dürfen. Forster spricht von einer „Gierigkeit“ unter den Frauen. Des Weiteren erwähnt er: „Die menschliche Natur muß freylich sehr unvollkommen seyn, daß eine sonst so gute, einfältige und glückliche Nation zu solchem Verderbniß und zu solcher Sittenlosigkeit hat herabsinken können [...]“[46] Mit der Aussage spielt Forster nochmals auf die Gier an, denn es impliziert, dass das Volk eigentlich zufrieden ist.

Durch die herrschende Hitze in Tahiti ist es notwendig, dass sich die Bewohner morgens, oder auch mehrmals am Tag, im kalten Matavi-Fluss baden. Die dadurch entstehende Reinlichkeit, ist ein gutes Mittel gegen faulende Krankheiten und stärkt

---

[42] Vgl. Toprak, 2016, S.33.
[43] Forster, 2021, S. 306.
[44] Ebd., S. 307.
[45] Ebd., S. 307.
[46] Ebd., S. 308.

die Geselligkeit unter dem Volk, so Forster.[47] Er vergleicht die Reinlichkeit mit anderen Nationen, wo man aufgrund des herrschenden Geruchs nicht lange vor Ort bleiben möchte. Somit wird nochmals ausgedrückt, wie fortschrittlich und angenehm der Aufenthalt gewesen sein muss. Tahiti unterliegt dem tropischen Regenwaldklima, was bedeutet, dass es eine hohe Luftfeuchtigkeit gibt, gepaart mit hohen Niederschlägen in den uns bekannten Winter- und Frühlingsmonaten. So gibt es nur selten Tage, an denen die Temperatur unter 20 Grad Celsius liegt. Meist werden Tageshöchstwerte um die 30 Grad Celsius erreicht.[48]

Bei der Abreise von Tahiti erwähnt Forster nochmals, wie schön der Aufenthalt gewesen ist und geht nochmals auf die Klimatischen Verhältnisse ein. Des Weiteren beschreibt Forster, dass die Bewohner sich auf ein sorgenfreies und glückseliges Leben freuen können.[49]

# 5. Fazit/ Schluss

Forster beschreibt die Menschen sowie die Natur weitestgehend wertfrei. Weitestgehend, weil eine Wertung immer subjektiv ist und es immer auch ein Miteinbeziehen der eigenen Meinung gibt. Anhand des vorhin erwähnten Vorfalls der Prostitution und dessen Essverhalten, zeigt, wie Forster eine negativ behaftete Wertung vornimmt, da er es als gierig bezeichnet und somit seine heimischen Verhaltensweisen mit denen vor Ort vergleicht und bewertet. Zudem hat Forster innerhalb der Station Matavi-Bay auf seiner Weltreise weitreichende Erkundungen und Informationen sammeln können. So wurden neue Pflanzen entdeckt und die Geografie untersucht.

Um auf meine eingangs gestellte Fragestellung zu kommen, wurde deutlich, wie Forster die Menschen und die Natur wahrnimmt. Grundlegend hat er von der Natur ein sehr positives Gesamtbild, da er immer wieder von der Schönheit und der Wärme spricht. Er geht auf den leichten Wind ein und all diese Aspekte vermitteln den Leser ein Urlaubsgefühl beziehungsweise ein Gefühl des Wohlfühlens. Er vernachlässigt jedoch auch nicht, dass jeder Ort auch unschöne Seiten hat. Zum Ende des Kapitels geht es

---

[47] Vgl. Forster, 2021, S. 309.
[48] Vgl. wetter.com. (o. D.). Klimadiagramm Tahiti
[49] Vgl. Forster, 2021, S. 329.

darum, ob Captain Cook nochmal wieder kommt. Es wird sich mit den Ureinwohnern geeinigt, dass bis zur nächsten Ankunft rund sieben Monate vergehen werden. Allein diese Aussage zeigt, wie attraktiv Tahiti für die englischen Seefahrer ist. Sei es, um Handel zu betreiben oder die Vegetation et cetera zu untersuchen. Fakt ist jedoch, dass der Aufenthalt so zufriedenstellend gewesen sein muss, dass man gerne wieder kommen möchte. Zudem wurde Tahiti oft als paradiesisch beschrieben.

Die Wahrnehmung der Menschen wurde ebenfalls untersucht und es hat sich herausgestellt, dass Georg Forster auf eine neue Lebensform getroffen ist, die ihm aus seiner Heimat nicht bekannt war. Die Menschen haben die Schiffe mit Forster, Captain Cook und Anderen freudig empfangen und sie wurden mit den verschiedensten Geschenken belohnt. Unter anderem gab es unter den Geschenken auch Tiere wie Schweine. Somit wird eine sehr hohe Gastfreundschaft der Tahitianer suggeriert. Auch die Begleitungen auf den Expeditionen Forsters zeigen, wie aufgeschlossen das Volk ist. Dies wird auch durch die offenen Häuser deutlich, da die Ureinwohner ihre Türen nicht verschließen. Ebenfalls beschreibt er das Volk als sehr reinlich, was den Aufenthalt angenehm gemacht hat. Inwieweit Forster mit der vor Ort herrschenden Regierungsform konform ist, wird in dem Kapitel nicht thematisiert.

Zusammenfassend lässt sich äußern, dass Tahiti ein laut Forsters Beschreibungen, sehenswertes Land ist. Die Menschen sind aufgeschlossen und hilfsbereit. Die Natur erblüht in angenehmen Grün, aber auch in bestimmten Bereichen dürreartig. Die Berge bilden ein schönes Panorama und das Wetter ist angenehm, aber heiß. Matavi-Bay wird als Erfolg dargestellt, in dem man weitere Informationen sammeln konnte und die Forschung vorangetrieben hat.

In der aktuellen Forschung wird von Forster als Revolutionär gesprochen, der eine Zeit lang in Vergessenheit geraten ist. Anhand des Kapitels: Aufenthalt in Matavi-Bay, wird der Gedanke erkennbar. Forster schrieb mit einer großen Bedachtheit und Sorgfalt den Reisebericht und galt aufgrund seines weitestgehend wertfreien Gedanken als sehr vorbildlich für viele Menschen, wenn man bedenkt, dass er zum Start der Weltreise 1772 gerade einmal 17 Jahre alt war. Für sein Alter war er kognitiv gut in der Lage die Erfahrungen zu verarbeiten und niederzuschreiben.

Das Hauptaugenmerk lag auf der Beschreibung der Natur und des Menschen, jedoch kann man zu Georg Forster auch andere Gesichtspunkte in Betracht ziehen. Weitere Forschungsmöglichkeiten wären die Wahrnehmung der Fremde, die nur sehr kurz angesprochen wurde. Ebenfalls interessant zu untersuchen ist die Sprache der Tahitianer untereinander oder wie sie ihre Kinder erziehen, welche Werte ihnen wichtig sind und was mit Menschen passiert, die sich nicht der Hierarchie anpassen möchten. Aber ein ebenso wichtiges Thema ist die heutige Darstellung von Tahiti, denn durch den Tourismus wurden zahlreiche Gebäude und Straßen gebaut und die in Forster Beschreibungen erwähnte Idylle geht teilweise verloren.

# 6. Literaturverzeichnis

Forster, Georg: Reise um die Welt, 12. Aufl., Frankfurt, Deutschland: Insel Verlag, 2021, S. 297-332.

Steiner, Gerhard: Georg Forster: Sammlung Metzler, 156, Stuttgart, Deutschland: J.B. Metzler, 2016.

May, Yomb: Georg Forsters literarische Weltreise: Dialektik der Kulturbegegnung in der Aufklärung, Berlin, Deutschland: De Gruyter, 2011.

Toprak, Metin: Möglichkeiten und Grenzen der Übersetzung des Fremden in das Eigene am Beispiel Georg Forsters Reise um die Welt, in: Diyalog : interkulturelle Zeitschrift für Germanistik / Organ des türkischen Germanistenverbandes GERDER, 2016, http://publikationen.ub.uni-frankfurt.de/frontdoor/index/index/docId/47748#

Müller, Anja: „Ein gemeinsames Band umschlingt die ganze organische Natur": Georg Forsters und Alexander von Humboldts Reisebeschreibungen im Vergleich, Dissertation, Geisteswissenschaften, 2011, https://www.depositonce.tu-berlin.de/bitstream/11303/3049/1/Dokument_15.pdf.

Uhlig, Ludwig: Hominis historia naturalis: Georg Forsters Vorlesung von 1786/87 im Zusammenhang seine Anthropologie, Günter Arnold (Hrsg.), , 2009, https://www.berose.fr/IMG/pdf/9783110251753_adw10_02__ludwig_uhlig_homin is_historia_naturalis.pdf.

*Tahiti: Geografie und Landkarte.* (o. D.). Goruma. Abgerufen am 16. Februar 2022, von https://www.goruma.de/laender/australien/tahiti/landkarte-geografie

Optensteinen, C. (2021, 5. Juni). *Wie sollen wir uns je wieder in Deutschland einleben?* Spiegel.de. Abgerufen am 15. März 2022, von https://www.spiegel.de/karriere/tahiti-so-einfach-koennen-eu-buerger-in-der-suedsee-remote-im-homeoffice-arbeiten-a-c354e625-b30e-4ce6-829b-33f6e31514ed

wetter.com. (o. D.). *Klimadiagramm Tahiti*. Abgerufen am 14. März 2022, von https://www.wetter.com/reise/klima/klimatabelle/franzoesisch_polynesien-tahiti-PFXY00001.html

Milton Keynes UK
Ingram Content Group UK Ltd.
UKHW042211310723
426074UK00023B/481